D1657640

Gute Geschichten bessern die Welt.

Eva Ginnell und Sandra Engelbrecht

Café-Geschichten

story.one – Life is a story

1. Auflage 2023
© Eva Ginnell und Sandra Engelbrecht

Herstellung, Gestaltung und Konzeption:
Verlag story.one publishing - www.story.one
Eine Marke der Storylution GmbH

Alle Rechte vorbehalten, insbesondere das des öffentlichen Vortrags, der Übertragung durch Rundfunk und Fernsehen sowie Übersetzung, auch einzelner Teile. Kein Teil des Werkes darf in irgendeiner Form (durch Fotografie, Mikrofilm oder andere Verfahren) ohne schriftliche Genehmigung des Copyright-Inhabers reproduziert oder unter Verwendung elektronischer Systeme verarbeitet, vervielfältigt oder verbreitet werden. Sämtliche Angaben in diesem Werk erfolgen trotz sorgfältiger Bearbeitung ohne Gewähr. Eine Haftung der Autoren bzw. Herausgeber und des Verlages ist ausgeschlossen.

Gesetzt aus Crimson Text und Lato.
© Fotos: Thomas Martin (www.sukoa.com)

Printed in the European Union.

ISBN: 978-3-7108-2362-6

Es gibt überall Blumen für den, der sie
sehen will.
Henri Matisse

INHALT

Love, Mom	9
Irisierender Nebelbogen	13
Regenbogenhaut	17
Ave Sophia	21
31. Dezember	25
Mr. Liebowitz	29
Monsieur Hugo	33
BFF	37
Big Bäng	41
28. April	45
Schlafende Hunde	49
Butterfly Girl	53
15. Juli	57
Ready, Set, Go	61
Oh bella ciao	65

Love, Mom

Davis, September. The Purple Frog.

Linda spielte mit dem silbernen Anhänger an der Kette um ihren Hals, ein halbes Herz mit einer Bruchkante. Die andere Hälfte hatte sie Kelly zum Abschied geschenkt. Es war voll in diesem Café. Sie hätte lieber einen Stuhl für sich gehabt, wäre lieber nicht dicht an dicht auf einer Holzbank gesessen. So viele Kids in Kellys Alter. Sie sah sich nach Brad um. Er redete angeregt mit der jungen Frau hinter dem Tresen. Sie hatte lila Haare und lachte viel. Solche Leute würden jetzt ein Teil von Kellys Alltag hier sein, in dem Linda nicht mehr vorkam. Wie eine plötzliche Turbulenz ließ die Panik ihren Magen sacken. Sie durfte nicht daran denken.

Wie oft hatte sie vorgeschlagen, Kelly könnte online studieren oder auf eine private Uni im Nachbarort gehen, zu Hause wohnen. Sie versuchten beide, Brad zu überzeugen. Kelly war auf Lindas Schoß gesessen, die Arme um ihren Hals geschlungen, das Gesicht tränennass. Sie war das Abbild ihrer Mutter - der dunkelbraune Bob mit denselben Highlights, die goldenen Hoops, die sie sich in New York gemeinsam gekauft hatten. Sie wollte nicht fort, das hatte Linda gespürt. Aber Brad gab nicht nach, keine Chance. Das Kind müsse endlich selbstständig werden. Wochenlang hatte er mit Kelly an den Bewerbungen für die Colleges gearbeitet, darauf geachtet, dass sie rechtzeitig verschickt wurden.

Linda öffnete ihre Handtasche, tastete nach dem Umschlag, den ihr Kelly vorhin gegeben hatte. Sie wollte die Karte erst lesen, wenn sie sich endgültig verabschiedet hatten. Die Panik blies sich auf und grinste hämisch. Endgültig. Verabschiedet. Louis Armstrong sang davon, wie schön die Welt war. Sie fühlte die Tränen aufsteigen, blinzelte sie zurück.

Brad stellte zwei Pappbecher auf den Tisch, warf ihr von der Seite einen Blick zu.

„Bitteschön", sagte er, „dein Latte." Linda kannte diesen gewollt fröhlichen Ton, erwiderte nichts.

„Übrigens", sagte Brad, „die nette junge Frau da drüben" - er zeigte mit dem Daumen auf die Lilahaarige - „wird nach Kelly Ausschau halten.

Wir sollen ihr sagen, der erste Kaffee geht aufs Haus. Sie wird sich um sie kümmern." Er legte seine Hand auf Lindas Oberschenkel.

„Wie soll sie Kelly denn erkennen?", fragte sie, als wäre das mit dem Kümmern wirklich eine Möglichkeit.

„Sie hat ja dich gesehen. Ihr seid doch wie Zwillinge, Kelly und du."

Linda musste lächeln; er wollte sie aufmuntern. Sie schaute zum Tresen. Die Frau sah sie im selben Moment an. Lächelnd reckte sie den Daumen hoch, alles okay. Wenn Linda das nur glauben könnte. Sie trank einen Schluck von ihrem Latte.

Ströme von aufgeregt durcheinanderredenden College Kids zogen am Fenster vorbei. Einzugswochenende. Es lag ein erwartungsvolles Knistern in der Luft. Draußen wieder eine Gruppe junger Frauen. Eine kreischte laut auf, die anderen antworteten mit Gelächter. Sie bogen um die Ecke, verschwanden aus Lindas Gesichtsfeld.

Irisierender Nebelbogen

Basel. Oktober. Café Franz.

Iris stand vor der Milchglastür des Café Franz. Die abgestreiften Lederhandschuhe lagen akkurat zusammengelegt in der Tasche, die Puderdose aufgeklappt in ihrer Hand. Sie blickte sich im verkleinerten Ausschnitt an. Die Friseurin behauptete, der neue Haarschnitt würde sie bestimmt zehn Jahre jünger erscheinen lassen. Sie lächelte.

Im Straßengraben wurden das welke Laub und die Zigarettenstummel vom Wind zum Leben erweckt. An die Fassaden der Stadt pinselte die Dämmerung orange-violette Schattierungen. Aus ihrem Kulturbeutel fischte Iris einen Lippenstift. Mit zusammengekniffenen Augen zog sie sich die Lippen nach. Just in jenem Augenblick wurde sie von einem Mann an gerempelt. Iris rutschte mit der Hand aus, zog einen kirschroten Balken, der Richtung Kinn verlief.

„Tschuldigung." Der bärtige Mann blickte nicht von seinem Handy hoch, warf seine Kippe

Richtung Straßenrand.

„Trottel." Zischte Iris, spuckte in ihr Taschentuch und rubbelte die Lippenstiftspur vom Kinn.

„Steh halt nicht im Weg herum!", antwortete er, ohne aufzublicken. Dann verschwand er im Café Franz.

Iris ließ die Puderdose zuschnappen. Ihre Hände zitterten. Sie öffnete die Tür. Gedämpfte Stimmen und das Scheppern von Geschirr schwappten ihr wie eine Welle entgegen. Als balanciere sie auf einem Hochseil, schob sie einen Fuß vor den anderen. Wo war es strategisch klug, sich hinzusetzen? Sie musste die Eingangstür im Auge behalten. Hinter dem Tresen stand die Barista. Ihre schimmernde Pailletten Jacke warf goldene Vollmonde an die Decke. Um den Hals trug sie eine Kette, ein halbes Herz mit einer Bruchkante. Sie sprach mit einem Mann, der sich an die Theke lehnte. Einen Fuß hatte er auf die Fußstütze des Barhockers platziert, seine Daumen in den Gürtelschlaufen eingehakt. Obwohl Iris ihn nicht von vorne sah, wusste sie, dass er es war. Derselbe verwaschene Cordmantel. Derselbe Flegel von vorhin.

Iris setzte sich an den letzten freien Tisch. Als Erkennungszeichen hatten sie sich auf eine weiße Nelke geeinigt. Das war Iris' Idee gewesen. Aus einer Zellophanhülle wickelte sie die Nelke, legte sie vor sich auf den Tisch. Zuerst waagrecht zur Tischkante, dann senkrecht. Sie strich ihren Rock glatt und zupfte am Kragen der Bluse. Zweieinhalb Jahre schrieben sie sich bereits, ohne sich jemals gesehen zu haben. Ihr Profilbild eine Iris, sein Profilbild ein Nebelbogen. Iris winkte der Barista. Sie wollte eine Schale* bestellen, bevor Eric eintraf. Die Barista nickte und sagte etwas zum Mann im Cordmantel.

Und wenn es der Mann an der Theke … Unmöglich der Rüpel konnte nicht Eric sein. Iris blickte angestrengt auf den Cordmantel-Rücken. Bis sie spürte, dass jemand neben ihr stand. „Hallo, Iris", hörte sie eine hohe Stimme sagen. Ein Mann in Frauenkleidern stand vor ihr, in seinem behaarten Ausschnitt steckte eine Nelke. Eine weiße. Iris fragte: „Bbb … bist du Eric?"

* Schale = identisch mit einem Milchkaffee

Regenbogenhaut

Davis. November. The Purple Frog.

Mit einem Ruck setzte sie sich auf. Heute war die Ausstellungseröffnung. „Wo soll das denn sein?", hatte ihr Vater im Familien-Chat geschrieben. „Klingt nicht wie eine Galerie." „Es ist nur ein Café", hatte Thea zurückgeschrieben. Hatte nicht geschrieben, wie viel Mut sie dieser Schritt gekostet hatte. Ihre neue Mitbewohnerin hatte ihr als Erste vorgeschlagen, beim Purple Frog anzufragen. Dort würden immer wieder wechselnde Bilder an den Wänden hängen. „Echte Kunst", sagte sie, „soweit ich das beurteilen kann." Und weil Billie seit Anfang Oktober dort arbeitete und auch noch damit anfing, hatte Thea versprochen, sich zu trauen.

„Honey, du wirst garantiert am ersten Tag alles verkaufen", hatte Billie geflötet, seinen pink karierten Minirock glatt gestrichen und ihr einen mascaraschweren Augenaufschlag geschenkt. Sie hatte abgewunken. Billie sah das nicht objektiv. Er war ihr größter Fan - und ihr einziges Model. Gegenstand fast aller ihrer Werke, dieser Mann in Frauenkleidern. Er würde es feiern, sein Konterfei in groß und bunt jeden Tag an den Wänden des Purple Frog zu sehen. Schon seinetwegen hatte Thea die Barista dann endlich Anfang Oktober angesprochen, als sie einen Cappuccino bestellte.

„Du musst mit AJ sprechen", hatte die gesagt. „Dem gehört der Laden hier. Aber wenn Billie dich empfiehlt, dann bist du drin." Thea grinste erleichtert.

„Kaffee aufs Haus", sagte die Barista. „Ich bin Danny." Sie nahm einen Haargummi aus der Schürzentasche und knotete ihre lila Haare zu einem Messy Bun zusammen. Winzige Malerpaletten baumelten an ihren Ohren und Thea sah das als gutes Omen.

Es lief dann alles sehr informell. AJ schlug ihr einen Zeitraum vor, sie sagte ja und hörte nur halb hin, als er von Prozenten und Preisen sprach. Erst hinterher sah sie im Kalender, dass der Ausstellungsbeginn ausgerechnet auf den Montag vor Thanksgiving fiel. Niemand würde kommen, ihre Bilder zu sehen. Sie wusste nicht, ob sie erleichtert oder enttäuscht war.

Auf dem Weg zum Café waren die Straßen leer, die Studierenden auf dem Heimweg zu ihren Familien. Von Weitem sah sie, dass die Türen des Cafés schon sperrangelweit offen standen, hörte Judy Garland von einem Regenbogen singen. Langsam ging sie weiter. Danny hatte ihr am Abend davor bis nach Mitternacht geholfen, die großformatigen Bilder aufzuhängen. Bestimmt sahen sie jetzt im Tageslicht viel zu grell aus. Unfertig. Nicht gut genug. Vielleicht konnte sie das alles noch abblasen, die Bilder abhängen, bevor das Café in einer Viertelstunde richtig aufmachte.

Dann hörte sie dünnen Applaus. Sie holte Luft und trat ein. Danny strahlte ihr entgegen und Billie klatschte enthusiastisch in die Hände. Er trug ein buntschillerndes Abendkleid, darüber die schwarze Schürze mit dem lila Frosch, fertig für die Arbeit.

Ave Sophia

Basel. Dezember. Café Franz.

Sophia bestellte den vierten Cappuccino. Sie verspürte Lust, eine zu rauchen, aber auf dem Gehsteig lag der Schnee aufgetürmt wie Sahne auf einer Schwarzwälder Kirschtorte. Heute früh zog sie die Converse an. Nach drei Zigarettenpausen vor dem Café Franz waren die Socken feucht. Die Winterstiefel lagen verstaut in einer Kartonschachtel in Sophias neuer Einzimmerwohnung, im coolsten Viertel der Stadt, dort wo nach illegalen Partys für einen Cigköfte beim veganen Take-away Schlange gestanden wurde.

Schneeflocken tanzten federleicht vom Himmel.

Auf dem Tresen lagen glitzernde Tannenzweige, dazwischen lila Weihnachtskugeln arrangiert. Roberta, die Barista, schäumte die Milch auf. Das kratzend-schlürfende Sauggeräusch der Kaffeemaschine legte sich über die Songzeilen von „Last Christmas". Sophia spürte ein Brennen im Magen. Ob es am Cappuccino lag oder am Gedanken daran, nach Hause zu fahren? Zu ihren Eltern, die auf dem durchgesessenen Sofa saßen und sich mit der Live-Übertragung aus dem Vatikan zudröhnten.

Mutter, ein zusammengefaltetes Etwas, das zerfledderte Christusbild an die Brust gepresst, die Füße in Franziskaner-Sandalen. Sie würde Sophia mit „Maria" ansprechen. „Nein. Schau mich doch an, ich bin Sophia, Mama! Ich bin Sophia!" Dann Schüfeli* und Dörrbohnen, dazu überzuckerten Apfelpunsch.

Vater, der Sophia fragen würde, wie es an der Uni liefe. Tüchtig lernen müsse sie, schließlich koste ihre Ausbildung ein Vermögen. Die jungen Leute von heute. Ein faules Pack sind die, allesamt. Glotzen nur in ihre Telefongeräte und konsumieren rund um die Uhr. Früher, da war alles besser.

Roberta näherte sich Sophias Tisch. Blickte ihr über die Schulter. Mit einem Kohlestift skizzierte Sophia die Gäste, die tagsüber im Café saßen. „Wow … sieht klasse aus." Roberta nahm das Bild vom Stapel, das Sophia von ihr angefertigt hatte. Blondes Haar, das sich in Wellen um das Gesicht legte, neben dem linken Auge ein

Muttermal. „Bist du Kunststudentin?" Sophia seufzte und steckte sich den Stift in ihren Messy Bun. „Ich wäre gerne Kunststudentin, aber mein Vater will, dass ich Wirtschaft studiere."

Die Barista setzte sich an Sophias Tisch. „Oje, hört sich nach einem Dilemma an." Sie waren die Einzigen im Café. Im Hintergrund tröpfelte Jazzmusik, wie dickflüssiger Honig, über die Lautsprecher. Die letzten Passanten eilten mit Tüten bepackt durch die wirbelnden Schneeflocken. Roberta spielte mit dem Anhänger ihrer Halskette, ein halbes Herz mit Bruchkante. „Magst du heute Abend mit zu mir kommen? Ich und meine Mitbewohner schmeißen eine Anti-Weihnachtsparty." Dabei zog sie ein mehrfach gefaltetes Papier aus ihrem Ausschnitt. „Ey und ich hab noch was zu feiern, wurde für ein Barista-Austausch-Jahr in den USA angenommen." Sophia lächelte und packte ihr Malstifte zusammen „Lass uns feiern!"

* Schüfeli = Schweizer Weihnachtsessen; Schweinefleisch, gepökelt und geräuchert.

31. Dezember

D: IIi, Roberta, ich bin Danny. Wir sind beide bei dem Barista-Austausch nächstes Jahr dabei!

R: Hey, Danny, mega cool. Woher hast du meine Nummer?

D: Meinem Chef vom Schreibtisch geklaut. Wir sollen ja noch keinen Kontakt aufnehmen. Ist das trotzdem OK?

R: Ja, voll, find ich echt geil. Wo wohnst du?

D: In Davis, Nordkalifornien. Ziemlich kleine Stadt. Viele Studenten. Und du? In Europa, oder!?

R: Ich wohne in der Schweiz. Weißt du, wo das ist? Ich habe erlebt, dass man in den USA die Schweiz sogar mit Swasiland verwechselt.

D: Swasiland??? Schweiz = Berge + Kühe, oder!? Gibt's da auch Städte? Wie spät ist es denn bei dir? Bei mir ist es zehn Uhr morgens.

R: Yep, Berge, Kühe und Fondue. Hahaha, voll der Werbeblock. Ich wohne in Basel = Stadt. Google sagt, ich bin neun Stunden voraus. Ich geh heute auf eine Silvesterparty. Hab mir schon einen Pornstar-Martini gemixt.

D: Cheers! Ich mag am liebsten IPA. Allerdings habe ich ja noch Zeit bis Mitternacht. Weißt du, ob wir in unserem Austauschjahr alles tauschen? Wohnung, Auto, Freund?

R: Hahaha, kannst gerne meinen Freund haben. Der ist Schrott. Ich mach heute Abend Schluss. Ich wohne in einer WG. Kriegst mein altes Fahrrad ohne Licht und eine Hauskatze, die heißt Marilyn Monroe.

D: Bin auch in einer WG, hängen geblieben nach dem Studium. Ich habe einen alten Toyota Prius und einen Chihuahua, der heißt Bambi. Mit dem Freund Schluss machen an Silvester, das ist Hardcore. Ich habe schon seit Jahren keinen Freund mehr, finde das besser.

R: Ich weiß, voll fies von mir, aber er hat mich immer wieder betrogen. Du machst es richtig ohne Mann. Bin auch hängengeblieben. Hab mein Studium geschmissen und will Schauspielerin werden.

D: Ich habe Psychologie studiert. Für einen richtigen Job bräuchte ich einen Master, den ich mir nicht leisten kann. Aber für die Crazies hier im Café reicht mein Bachelor schon. Kannst ja von hier nach LA fahren, dich als Schauspielerin bewerben.

R: Dufte Idee! Crazy Typen gibt's im Café Franz auch genug, die steckst du alle in die Tasche. Hey, mein Akku ist fast leer.

D: Wollen wir ein Foto schicken? Oder machen wir weiter mit Blind Date?

R: Ich bin für Blind Date. Schreiben wir uns bald wieder, ja!?

D: Ja, klar!

R: Shit. Mein Akku. Muss aufhören. Sali.

D: Bye!

Mr. Liebowitz

Davis. Januar. The Purple Frog.

Die Winterferien waren vorbei, jeder Platz besetzt, eine Neuanfangsekstase lag in der Luft. Nolan zog seine schwarze Kapuze vom Kopf und stellte sich in die Schlange an der Theke. Er hakte die Daumen hinter die Gurte seines Backpacks, schüttelte die dunklen Locken aus dem Gesicht. Gesprächsfetzen umspülten ihn lauwarm, Norah Jones sang vom Sonnenaufgang. Über der Klangsuppe dann ihr lautes Lachen und er fühlte sich wie angeknipst, leicht wie ein Heliumballon. Wegen Danny kam Nolan jeden Tag. Sie war die coolste Frau, die er kannte. Jeden Tag hoffte er, sie würde bemerken, dass er mehr als einen Getränkewunsch hatte. Er müsste sich endlich trauen, sie nach ihrer Handynummer zu fragen.

„Hi, Nolan", sagte Danny und lächelte. Sie hatte heute goldene Sonnen an den Ohren baumeln, die lila Haare im üblichen Messy Bun. Er nickte stumm.

„Na, alles gut bei dir?", fragte sie. „Wie waren die Ferien?" Sie legte die Hände auf den Tresen und streckte die Arme durch. Am linken Handgelenk hatte sie drei kleine Pfeile tätowiert. Er hätte gerne gefragt, was sie zu bedeuten hatten.

„Ging so", sagte Nolan.

„Januar ist ganz schon öde", sagte Danny. Er nickte und tat so, als lese er die Karte.

„Einen Moment noch", hörte er Danny zu dem Gast hinter sich sagen. Nolan warf einen Blick über die Schulter. Es war der krumme Alte, der sich hier jeden Tag herumdrückte. Er hatte etwas Alttestamentarisches. Er trug eine Leinenkutte, die um seinen Körper schlackerte, und Ledersandalen, selbst jetzt im Winter. Der weiße Haarkranz wie eine Dornenkrone auf seinem Kopf.

„Ihr passt gut zusammen, du und Mr. Liebowitz." Danny deutete mit dem Kinn auf den Alten. Nolan zog die Augenbrauen hoch.

„Na, du ganz in Schwarz, er in Weiß, das hat sowas von Teufel und Engel." Nolan vergaß zu atmen. Mit welcher Lässigkeit sie ihn in eine

Schublade mit diesem müffelnden Spinner steckte. Und dann noch Teufel. Was meinte sie damit? Nichts war mehr heliumleicht in ihm. Aus. Vorbei. Zappenduster.

Dannys Blick überflog die Schlange, die geduldig hinter Mr. Liebowitz wartete.

„Was willst du denn jetzt?", fragte sie. „Einen kleinen Latte wie üblich?"

„Ja", krächzte er.

Danny schob seinen Bestellbon dem Typen hin, der die Getränke machte, nickte Nolan zu und wandte sich dem Möchtegern-Propheten in der Robe zu. Nolans Magen fühlte sich klamm an. Er fuhr sich durch die Stirnlocken.

„Meinen Latte to go, bitte", sagte er zu dem Typen im Minirock. Keine Sekunde länger würde er bleiben.

Monsieur Hugo

Basel. Februar. Café Franz.

Im Café Franz roch es nach Fasnacht – ein süßlich-scharfer Geruch nach Käse und Zwiebeln. Mit einem Besen wischte Roberta die Räppli* zu kleinen bunten Häufchen. Silberne Girlanden hingen von der Deckenleuchte. Im Schaufenster zwischen aufgetürmten Orangen und drapierten Mimosen lagen zwei Larven*, ein Teufel, über der pechschwarzen Bast-Perücke einen Heiligenschein montiert, und ein Engel mit zwei gedrehten Hörnern, golden lackiert.

Roberta gähnte mit offenem Mund. Dann drehte sie am Lautstärkeregler. Pink Floyd sang die Piccolos und Trommeln, die seit zwei Tagen einen durchgehenden Geräuschteppich bildeten, gegen die Wand. Mit einer Kehrschaufel und einem Handbesen wischte sie die Papierschnipsel zusammen und kippte diese in den Müll. Sie ging hinter den Tresen, klopfte den Siebträger mit zwei kräftigen Schlägen aus. Als Roberta aufblickte, sah sie einen gebückten Umriss an der gläsernen Tür. Sie öffnete. Im Eingang stand

Hugo Perret der Mann aus dem ersten Stock. Dragana, Pepe, Martin und Saskia, alle nannten ihn den Alten. Nicht Roberta, sie nannte ihn Monsieur Hugo. Seine nackten Füße steckten in abgelaufenen, frisch ausgebürsteten Mokassins, die weiten Hosenbeinen schlackerten um seine mageren Beine, in der Tasche seines Sakkos steckte eine gepunktete Pochette.

„Komm rein!" Roberta zog ihn am Ellenbogen in das Café. „Milchkaffee, wie immer?" Er nickte und setzte sich an den Bistrotisch, an den er sich immer setzte, seit Roberta hier arbeitete. Seit fünf Jahren nun. Seit sie ihm einen Milchkaffee spendierte und Gipfeli* vom Vortag auftischte. Heute schob sie einen Teller mit einem Viertelstück Zwiebelwähe* über den Tisch. Der Alte nickte. Roberta nickte. Er nahm die Wähe, seine Hände zitterten schwach.

„Ich war früher Tambourmajor", sagte er mit vollem Mund, Krümel blieben in den Bartstoppeln am Kinn hängen. Roberta bückte sich und räumte den Geschirrspüler aus. Prüfend hielt sie jedes Glas gegen die ersten Sonnenstrahlen, mit einem Geschirrtuch wischte sie vorhandene Wasserflecken weg. „Wieso hast du aufgehört?"

Monsieur Hugo nahm die Pochette aus der Tasche und tupfte sich über den Mund. „Zu alt, sie wollten einen jüngeren."

Roberta stapelte Unterteller und Tassen auf das Wandregal. Sie drehte sich zu Monsieur Hugo um. „Alt sein ist nicht immer einfach, was!?"

Der alte Mann faltete das Einstecktuch und steckte es in die Tasche. Anschließend nahm er die Tasse, führte sie an den Mund, schluckte geräuschvoll und fragte: „Ab wann ist man eigentlich alt?"

Roberta zuckte mit den Schultern. „Vielleicht wenn man keinen Bock mehr auf Arbeit hat." Sie setzte sich zu Monsieur Hugo an den Tisch und schlug die Beine übereinander. Der Alte wischte sich mit dem Ärmel den Milchschaum von den Lippen und antwortete: „Vielleicht wenn man auf einmal Lust hat zu arbeiten?" Sie kicherten beide.

* Räppli = Konfetti / Larven = Masken / Gipfeli = Croissant / Zwiebelwähe = Zwiebelkuchen

BFF

Davis. März. The Purple Frog.

Kelly ließ Wasser über ihre grün lackierten Fingernägel fließen, sah in den Spiegel. Restlidschatten, verwischtes Mascara-Schwarz, gestern Nacht hatte sie nicht ans Abschminken gedacht. Sie drückte auf den Seifenspender. Keine Seife. Sie musste es Danny sagen. Papiertücher auch leer. Sie trocknete die Hände an ihren Jeans ab.

Zum Semesteranfang hatte die Barista sie angesprochen, in einem so mütterlichen Ton, dass Kelly ruppig geworden war.

„Sorry", hatte Danny gesagt. „Ich hab' es deinen Eltern versprochen. Dachte, du hast Heimweh. Deine Mom hat mir den Anhänger gezeigt, dessen Hälfte du trägst."

Das zerbrochene Herz. Kelly griff sich an den Hals. Die Kette hing dort nicht.

Jemand rempelte sie an, als sie zurück ins Café ging. Müdigkeit hing über den wenigen

Gästen und Frank Sinatra sang vom Herbst seines Lebens. Kelly sah sich um. Danny stand auf einer Trittleiter und pflückte grüne Girlanden von der Wand, ihre Doc-Martens auf Kellys Augenhöhe. Achtzehnter März. Der Tag danach. In zehn Minuten würden sie sich treffen. Bei Tageslicht. Vage erinnerte sie sich und gleichzeitig auch haarscharf - die Flasche Tequila, Sonyas Zimmer, Sonyas Bett, Sonyas Hand auf ihrem Bauch.

„Hey, Kelly", sagte Danny von ihrer Leiter herab. „Halte mal." Dankbar nahm Kelly die Girlande und begann, sie lose aufzuwickeln. In der Ecke saß ein Paar, vertieft in ein Gespräch, ineinander verschlungen, wie ein einziges Wesen mit zwei Köpfen.

„Sag mal, Danny", Kelly raschelte mit der Girlande, „kennst du eigentlich eine Sonya?" Sie biss sich auf die Unterlippe. Wieso hielt sie nicht den Mund.

„Sonya?" Danny stieg die Leiter hinunter und nahm Kelly die Girlande aus den Händen. „Ist das so eine Große mit einem Afro und zwei Nasenpiercings?" Kelly nickte, ihr Gesicht war heiß. Danny schaute sie an, mit dem mütterlichen Blick. Dann grinste sie.

„Und?", fragte sie. „Glücklich?"

Kelly hakte die grün lackierten Daumen in die Gürtelschlaufen. „Weiß noch nicht", sagte sie. Danny nahm den Besen, der an der Theke lehnte, und kehrte Glitzerteilchen zu einem kleinen grünen Häufchen zusammen. Sie zeigte mit dem Kinn auf die Kehrschaufel. Kelly nahm sie wortlos und ging in die Hocke.

Ein kalter Windstoß klimperte die Pailletten auseinander. Dannys Doc-Martens-Fußspitze stupste an Kellys Sneaker, sie schaute auf. In der Tür stand Sonya, ganz Auftritt, ganz lodernde Haarpracht, ihr Afro wie ein Heiligenschein. Auf ihrer dunklen Haut glänzte silbern ein Anhänger mit einem halben Herz.

Big Bäng

Basel. April. Café Franz.

Abla saß auf der Holzbank vor dem Café Franz, über ihren Beinen eine karierte Wolldecke, auf dem Tisch ein Schälchen, gefüllt mit farbigen Zuckereiern. Spatzen hüpften von Krümel zu Krümel, lindgrüne Blätter konkurrierten mit knallgelben Osterglocken. Abla schlug den Kragen des Wollmantels hoch und streckte ihr Gesicht der Sonne entgegen. Roch Maiglöckchen, vermischt mit Abgasen der vorbei ratternden Vespa.

Träge öffnete sie die Augen und blickte zur Barista. Leicht verdeckt von einem Rosenbusch stand diese am Nebentisch. Blickte einer Frau über die Schultern, die mit großen flinken Strichen in ihr Skizzenbuch zeichnete. Der Kohlenstift fuhr kratzend über das Papier. Bestimmt eine Kunststudentin, dachte Abla.

Die Barista bewegte ihren Herzanhänger zwischen Daumen und Zeigefinger hin und her. Sie spürte Ablas Blick und näherte sich dem Tisch.

Unter den Doc Martens knirschte der Kies.

„Hey, hast schon bei meinem Kollegen bestellt?" Sie lächelte, strich sich eine Strähne aus dem Gesicht. Abla schüttelte den Kopf „Nein. Gerne einen Espresso und gibt's bei euch Osterküchlein?" Die Barista nickte. „Bring' ich sofort. Hab dich nie gesehen, bist du neu hier?"

Abla holte das Handy aus dem Sportbeutel und blickt auf das Display. „Sorry, muss telefonieren", antwortete sie, hielt sich das Telefon an ihr Ohr und begann, in eine tote Leitung zu sprechen. Die Barista runzelte die Stirn, wollte etwas sagen, überlegte es sich anders und entfernte sich. Dabei wippte ihr Pferdeschwanz auf und ab.

Als sie im Café verschwand, versorgte Abla das Telefon in den Beutel. Es gab Menschen, die sprachen betont langsam mit ihr, zogen Vokale in die Länge. Einmal fasste ihr eine ältere Dame, an der Bushaltestelle, in die Haare. Sieben war sie damals. Mama keifte die Frau an. Diese meinte nur, sie hätte doch dieses „Afrika-Haar" befühlen wollen, da sei doch nichts dabei. Und überhaupt solle sich nicht wie eine Furie aufführen, schließlich wäre sie nicht die Mutter. Doch, sie wäre sehr wohl die Mutter, bellte Mama und zog Abla am Ärmel von der Busstation weg. Alle Leute gafften. Immer wieder. Fragen. Immer wieder.

Abla hatte aufgehört zu fragen. Nach ihm zu fragen. Mama hatte ihn unter einem Berg Anschuldigungen begraben. Er wäre nun im Senegal und dort solle er verrecken.

Sie kaute an ihren Nägeln. Der Daumennagel war bis auf das Nagelbeet abgeknabbert.

An den Nebentisch setzte sich ein Paar. Der Frauenkopf ragte wie eine Jagdtrophäe aus einem zu großen, zu grellen Boubou*. Der Mann in Frauenkleidern sprach in einem zu hohen C. Abla strich sich durch den Afro. Wie peinlich ist das denn, dachte sie. Faltete die Decke, stand auf, nahm den Sportbeutel und ging. Aus dem Augenwinkel sah sie, wie die Barista zu ihr blickte und dann auf das Tablett in ihren Händen und dann wieder zu ihr. Sie schien ein wenig zu schrumpfen. Abla spürte Hitze in ihre Ohren steigen und wechselte die Straßenseite.

* Boubou = Bekleidung aus Senegal

28. April

R: Hey, Danny, wie geht's? Bist du schon wach? Haaallloooo, Daaaaannyyyyy!!!!

D: Oh, hi, Roberta, ich hatte mein Phone auf stumm gestellt. Sorry…

R: Easy, was machst du?

D: Bin im Purple Frog. In 30 Minuten öffnen wir. Bei dir ist schon Feierabend, oder?

R: Yes. Gehe mit Kumpels und ein paar Dosen Bier an den Rhein. Du, ich bin schon ein bisschen nervös. Wir sehen uns ja bald zum ersten Mal, auf Zoom.

D: Der Rhein ist euer Mississippi, oder!? Was meinst du mit „bald auf Zoom"? Ich dachte, erst im Mai.

R: Oh, shit, ich glaube, du hast recht. Hab' ich mir falsch notiert.

D: Bin total gespannt, wie du aussiehst und auch welche anderen Leute bei dem Austausch mitmachen. Wie heißt dein Boss?

R: Ich hab' eine Chefin, die heißt Claudine und kommt aus Frankreich. Sie ist voll okay. Hat nur einen kleinen Tick. Bakterienfimmel. Sie zieht während der Arbeit Latex-Handschuhe an.

D: Ich bin auch ein bisschen OCD*, da passen wir sicher zusammen. Übrigens, AJ meint, dass er alles im Griff hat und der tolle Chef ist. Aber die eigentliche Chefin bin ich. Kannst du das handeln?

R: Wow, du bist ganz schön tough. Ich bediene am liebsten die Kaffeemaschine und quatsche mit den Gästen. Hoffe, das reicht AJ. Wie siehst du eigentlich aus?

D: Ich habe lila gefärbte Haare – Purple Frog und so. Und du?

R: Du identifizierst dich ja sehr mit dem Café. Da bin ich eher ein bisschen unabhängiger. Vielleicht komm' ich dann im Purple Frog auch auf den Geschmack. Hab' blondes, langes Haar.

D: Jetzt wird das Ganze langsam echt real. Ich kriege auch schon Schmetterlinge im Bauch. Sagt man das so?

R: Yes, sagt man so. Dein Deutsch ist super. Bist in allem 'ne Wucht. Claudine will Dich bestimmt nie mehr gehen lassen und mich nimmt sie nicht mehr zurück. Sniff. Aber kommt schon gut. Hauptsache, ich verpasse den Flug nicht. Ist mir schon zweimal passiert.

D: Ich schicke dir einen Reminder, das schaffst du. Du schlägst hier garantiert ein wie eine Bombe. Die Leute werden Schlange stehen für jemanden aus der Schweiz mit einem Akzent. Kommt hier super an!

R: Hey, mein Akku macht mal wieder schlapp, muss aufhören. Bis bald, Danny … See you!

D: OK, bye, Roberta. Du brauchst einen Spitznamen, drei Silben sind viel zu lang. Just kidding.

* OCD = obsessive-compulsive disorder

Schlafende Hunde

Davis. Mai. The Purple Frog.

„Steve, hey, Steve!" Sie rief ein bisschen lauter. Er stand mit einer Frau weiter vorne, hörte sie immer noch nicht. Jetzt hätte sie noch so tun können, als hätte sie ihn nicht gesehen, aber sie machte zwei Schritte an dem alten Mann vor ihr vorbei und tippte ihrem Ex-Manager auf die Schulter. Er machte ein erstauntes Gesicht, einen kleinen kreisrunden Mund und aufgerissene Augen.

„Du hier?", sagte er. „So ein Zufall." Er flüsterte seiner Begleiterin etwas ins Ohr. Wohl eine Kurzfassung: Kendra. Ehemalige Angestellte. Böser Fall von Burnout. Voll durchgeknallt. Fristlos gekündigt.

Sie drehte sich um, kehrte zurück zu ihrem Platz in der Schlange. Sie atmete eins-zwei ein, eins-zwei-drei aus. Sie spielte das Mantra ihrer Therapeutin im Kopf ab: Steve konnte ihr nichts mehr anhaben. Er und die Frau bestellten jetzt. Die Barista lachte und schüttelte energisch den

Kopf, sodass sich ein paar lila Haarsträhnen aus ihrem Messy Bun lösten. Sie trug einen kleinen Ring im Nasenflügel. Bobby Darin sang von einem Haifisch mit Zähnen mitten im Gesicht. Das Zischen des Milchschäumers, das Stimmengemurmel, das Klink-klink der Tassen und Löffel, der Geruch der frisch gemahlenen Bohnen. Lange war sie nicht mehr hier gewesen.

Steve tauchte neben ihr auf, einen Pappbecher in der Hand.

„Wenn du reden willst…", sagte er und ließ seinen Satz unschlüssig in der Luft hängen. „Meine Freundin wartet so lange." Hinter ihm steuerte die Blondgelockte mit ihrem Getränk und federnden Schritten auf einen leeren Tisch zu. Kendra presste die Fäuste tief in die Manteltaschen. Wieso hatte sie ihn bloß angesprochen! Steve blieb neben ihr stehen, nahm einen Schluck aus seinem Becher. Sie knöpfte ihren karierten Wollmantel auf. Wollmantel im Mai, sie könnte sich ohrfeigen. Die Temperaturen gingen doch schon steil nach oben.

Der alte Mann in den schmuddelig-weißen Klamotten nahm sein Getränk und trippelte davon. Steve rückte neben Kendra mit vor an den

Tresen.

„Und was möchtest du?", fragte die Barista sie.

Kendra spürte die Panik hochkochen. Wenn ihr nur nicht so schrecklich heiß wäre. Die Barista hob die Augenbrauen, füllte wortlos ein Glas mit Wasser und schob es ihr hin. Hinter ihr lachten ein paar Leute schrill los. Es war viel zu laut. Die Stimmen, das Zischen und Lachen und Rattern. Die orange gestrichenen Wände stürzten auf sie zu, das riesige bunte Bild von einem lachenden Mann in einem schillernden Kleid. Der Wasserbecher zitterte in ihrer Hand. Sie ging hastig an Steve vorbei, zur Tür hinaus. Sie setzte sich an einen der Tische, eins-zwei ein, eins-zwei-drei aus. Sie hätte ihn nicht ansprechen sollen. Auf dem Tisch stand ein Schälchen mit Kürbiskernen. Sie steckte einen in den Mund, versuchte, sich auf den salzigen Geschmack auf ihrer Zunge zu konzentrieren. Aus dem Augenwinkel sah sie, dass Steve auf sie zukam.

Butterfly Girl

Basel. Juni. Café Franz.

Der Asphalt strömte Wärme aus. Zu heiß für den Juni, sagten alle. Ein klassischer Fall von Klimaerwärmung, schrieben die Zeitungen. In der Stadt roch es nach Sonnenmilch, Schweiß, Grillkohle und frisch gemähtem Rasen. Vor dem Café war jeder Tisch besetzt, die aufgespannten Pepita-Sonnenschirme warfen kreisrunde Schatten auf den Kies.

Luca und Gabriel betraten das Café Franz. Die Haare feucht vom Rhein, den Wickelfisch geschultert, die Flipflops schmatzten bei jedem Schritt. Mambo dudelte den beiden entgegen und die Schwere der Nachmittagshitze schien sich auf die Barista übertragen zu haben. Matt winkte sie ihnen zu. Luca setzte sich ans Fenster, mit dem Rücken zur Tür, Gabriel nahm gegenüber Platz. Mit den Fingerspitzen klopfte Luca im Takt der Timbales von Tito Puente. Gabriel zog eine Augenbraue hoch. „Wenn du reden willst … ", sagte er und ließ seinen Satz unschlüssig in der Luft hängen.

Luca raufte sich durch die Locken. „Mensch, Gabriel, die ist durchgeknallt. Ich halt es keinen Tag länger mit ihr aus. Eifersüchtig ist die. Macht mir die Hölle heiß, wenn ich auch nur mit meiner Schwester telefoniere."

Gabriel nahm eine Packung Kaugummi aus dem Wickelfisch, hielt sie fragend Luca hin. Luca schüttelte verneinend den Kopf. Er wickelte einen Kaugummi aus und schob sich das Plättchen in den Mund. Sein Kiefer bewegte sich hin und her. „Mach halt Schluss, so schlimm wird's wohl schon nicht sein." Luca wischte sich mit dem Handrücken Schweißperlen von der Stirn. „Patrizia ist echt krass drauf, die sammelt Butterflys." Gabriel lachte laut auf. „Schmetterlinge? Niedlich."

„Das ist nicht lustig!", jammerte Luca „Eine Vitrine voll mit Klappmessern hat sie. Neulich drohte sie mir sie würde sich umbringen, wenn … " Die Barista kam an den Tisch. Luca schien in ihrem Gesicht zu versinken, als wäre es Treibsand. Wem glich sie? Genau. Der Blonden im gelben Overall! Hieß der Film „Kill Bill"? Oder war es „Kill Luca"? Er spürte ein dünnes Schweißrinnsal, das seinen Rücken hinunterlief.

Sie zwinkerte ihm zu. „Na, was möchtest du?" Er lächelte sie an. „Etwas Kühles. Mir ist ganz schön heiß". Gabriel verdrehte die Augen und sagte: „Uuuhhh." Sie lachte leise, neigte ihren Kopf ein wenig zur Seite. „Ich glaube, ihr braucht beide eine Abkühlung. Wie wäre es mit einem Cold Brew und einer Extraportion Eiswürfel?"

Luca nickte. „Sag, kannst du mir den Titel vom letzten Song aufschreiben. Ich find' den super." Luca schob einen Bierdeckel und einen Stift in ihre Richtung. Sie beugte sich über den Tisch, ihre Haare kitzelten seinen Oberarm. Er konnte sie riechen. Erdig-fruchtig. Mit geschwungener Schrift schrieb sie den Songtitel auf und schob den Deckel zurück.

Gabriel kickte kräftig an Lucas Schienbein und flüsterte: „Schau zur Tür." Luca drehte sich um und sah, dass Patrizia mit verschränkten Armen im Türrahmen stand. Sein Lächeln erstarrte wie gefrorenes Eis auf den Lippen. Wie lange stand sie schon da?

15. Juli

D: Hi, Roberta! Na, schon aufgeregt?

R: Ciao, Danny. Ja, voll, aber nicht wegen der Reise. Ich habe mich verliebt!

D: Oh, wow! Übler Zeitpunkt, in sechs Wochen bist du für ein Jahr weg…

R: Ja, eben. Was soll ich bloß tun? Am liebsten würde ich alles abblasen, er ist DER Mann meines Lebens.

D: Waaaaaas? Ich gönne dir den Traummann. Aber wenn du jetzt absagst, dann kann ich auch nicht fahren. Das geht nicht. Hilfe.

R: So ein Dilemma! Ich weiß, wie fest du dich gefreut hast. Aber er kann ohne mich nicht mehr leben. Nun ja, vielleicht übertreibt er ein bisschen. Er ist aus Italien. Auf Durchreise. Kann ein paar Brocken deutsch.

D: Sorry, aber das klingt echt extrem. Wie lange kennst du ihn denn schon? Wie heißt er überhaupt?

R: Seit vorgestern. Giovanni heißt er. Er ist echt heiß und kocht die besten Ravioli. Vielleicht kannst Du auf ihn aufpassen. Hahaha. Das hast Du ja in unserem ersten Chat geschrieben, weißt du noch?

D: Ja, erinnere mich. Was macht er denn so auf der Durchreise?

R: Er bastelt aus Silberdraht und Perlen Schmuck und verkauft diesen an Touris. Reist herum und schlägt sich so durch. Echt cool. Aber jetzt möchte er hier bei mir bleiben.

D: Du kannst ihn ja nach Amerika mitbringen. Ich kann meinen Boss fragen, der braucht immer Leute. Mit Touristenvisum geht das schon. Ich möchte doch sooo gerne in die Schweiz kommen.

R: Das ist eine geniale Idee. Ich nehm' den Giovanni mit und dann sehe ich, ob das was wird mit lebenslang und so.

D: Hat der Italiener denn Geld für einen Flug? Jetzt klinge ich, als wäre ich deine Mutter. Sorry.

R: Du bist ja auch ein Jahr älter. Ich denke, er

hat keine Kohle. Aber ich könnte ihm den Flug zahlen. Dann gehe ich nach LA, werde Schauspielerin und er arbeitet für mich beim Purple Frog. Das wär' doch was, oder!?

D: Na, jetzt bist du auf dem richtigen Weg. Hahaha! So ein waschechter Italiener würde sich bei uns bestimmt gut machen.

R: Hey, mein Akku ist wieder mal am Limit, muss Schluss machen.

D: Meine Mittagspause ist auch gleich vorbei. Ich bin gespannt, ob du Giovanni überzeugen kannst mitzukommen. Denk dran, ich muss hier mal raus und Europa sehen.

R: Du kannst auf mich zählen, Danny. Ich spreche gleich morgen mit Giovanni. Espressi machen kann er bestimmt. Ciao! Und mach's gut!

D: Na dann, good luck. Bye, little sis'!

Ready, Set, Go

Davis. Juli. The Purple Frog.

Danny faltete Geschirrtücher. Die Klimaanlage surrte. Im Fenster schlief Bambi, ungestört. In der flirrenden Hitze huschten nur noch ein paar Sommerkursler durch die Stadt, eine Handvoll internationale Studierende. Kelly und Sonya waren vorhin auf einen Eistee hereingekommen, voller Vorfreude auf ihren Trip an die Ostküste. Ob Kellys Mutter inzwischen wusste, wer die zweite Hälfte des Herzens trug? Thea hatte farbverschmiert Rast eingelegt, bevor sie zurück in ihr Studio stürzte. Eine Galerie in Sacramento wollte im August ihre Bilder zeigen. Sie hatte Billie offiziell zur Vernissage eingeladen. Jetzt sang er in der Küche lauthals Taylor-Swift-Songs und plante sicher schon sein Outfit.

„Was wunschen Sie, bitte gerne, dankeschon", flüsterte Danny. Diese verdammten Umlaute. Nur noch fünf Wochen, dann ging es los nach Basel. „Café Franz" konnte sie zum Glück aussprechen. Hoffentlich musste sie nicht auch noch Schweizerdeutsch lernen. Ein Schwall heißer Luft riss sie aus ihren Gedanken. Sie strich die Schürze glatt. „Hi, Mr. Liebowitz", sagte sie munter. „Eiskaffee?" Der alte Mann sah von der Hitze wie zerknüllt aus. Sie füllte Eiswürfel in ein Glas, ließ Kaffee darüberlaufen. Die Eiswürfel knackten leise. „Bitteschon." Sie schob ihm das Glas hin. Sie machte sich Sorgen. Sein Gesicht war weiß wie sein Gewand. „Bleiben Sie doch kurz", sagte sie und ging um den Tresen herum. Sie nahm den Eiskaffee und ging vor ihm her zu dem Tisch am Fenster. Dankbar setzte er sich, legte die Hände um das beschlagene Glas. Danny machte sich wieder daran, Handtücher zu falten.

Billie kam mit Bambis Hundeleine aus der Küche. „Soll ich mal eine Runde gehen?", fragte er. „Gute Idee", sagte Danny. „Dankeschon, einer muss ja die Stellung halten, wo AJ auf Hawaii ist." - „Na ja, er sagt, wenn diese Roberta da ist, kann er nicht mehr weg." Danny rollte mit den Augen. „Die Schweizerin schafft das doch locker. Ich bin bestimmt ersetzbar." Billie schob die Unterlippe vor und legte den Kopf schief, dann schloss er Danny in die Arme. „Vielleicht komme ich dich mal besuchen", sagte er. Er wischte sich eine Träne von der Backe. Seine Fingernägel waren violett lackiert. Danny zog einen Haargummi vom Handgelenk, band ihre Haare zusammen, räusperte sich. Billie gab sich einen Ruck. Er klipste die Leine an Bambis Halsband und warf Danny eine Kusshand zu. Die Spülmaschine zog gurgelnd Wasser, einer der Gäste lachte laut auf. Elvis Presley sang von einsamen Nächten. Seine Stimme klang wie aufgeweichter Asphalt. Zwei Takte lang bereute Danny, sich für den Barista-Austausch gemeldet zu haben. Zwei Takte lang konnte sie sich nichts Schöneres vorstellen, als morgens um sieben die Playlist zu starten, die Kaffeebohnen in den Trichter rieseln zu lassen und liebevoll gemalte Milchschaumbilder zusammen mit einem freundlichen Wort über den Tresen zu schieben. Aber es spielte wohl keine Rolle, ob sie das in Davis oder Basel tat.

Oh bella ciao

Basel. August. Bei Roberta.

Auf dem Parkettboden lag ein Kleiderhaufen, dazwischen zusammengerollt die Katze Marilyn Monroe. In einem knappen Bikini lag Sophia auf dem Bett, den Kopf auf den Arm gestützt, einen Lollipop im Mund, und schaute zu wie Roberta die Socken zu einer Wurst zusammenrollte und in den Koffer legte. Ohne den Lollipop aus dem Mund zu nehmen, die Wange ausgebeult, sagte sie: „Du wirscht mir fehlen." Roberta hielt in der Bewegung inne und schaute zu Sophia, die zur Seite blickte und sich mit dem Handrücken eine Träne wegwischte.

„Du wirst mir auch fehlen und Marilyn Monroe." Dabei kraulte sie die Siamkatze hinter dem Ohr. Diese begann zu schnurren wie eine Nähmaschine und drückte den Kopf gegen die Hand. „Und der Wurstsalat von Reto. Und die Ovi* aus dem Café Franz. Und unsere Weiberabende." Sie kratzte sich am Kopf und blickte in den Koffer. Warf einen Stapel bunter Unterhosen hinein, nahm ein gebrauchtes Taschentuch vom Bücherregal und schnäuzte sich geräuschvoll. In der milden Brise bauschte sich die hauchdünne Volant-Gardine, von draußen war das Bimmeln der Tram* und das Hupen von Autos zu hören.

Sophia drehte sich auf den Rücken und blickte an die Decke. Quer über die Zimmerdecke verlief ein zickzackartiger Riss. In den Ecken hingen Staub-Stalaktiten. Nebenan im Zimmer wummerten die Boxen von Benni. „Ischt diesche Dänny nett?"

Roberta fächerte sich mit der Hand Luft zu. „Oh ja, total. Die hat es echt drauf. Unternimm doch ab und zu etwas mit ihr, damit sie sich nicht alleine fühlt." Sophia biss auf den Lollipop, es knirschte. Mit den Backenzähnen zermalmte sie die Überreste. Roberta stand auf und nahm ein Foto vom Schreibtisch, eine schwarz-weiße Aufnahme von ihrer Großmutter, gerahmt in einen Barockrahmen, und eine Federboa vom Kleiderständer. Beides legte sie vorsichtig in den Koffer.

Schließlich überlegte sie es sich anders, nahm die Federboa aus dem Koffer und warf sie Sophia zu. „Die wolltest du doch immer haben. Ich schenke sie dir, damit du immer mal wieder an mich denkst, wenn ich bei den Amis bin." Sophia setzte sich auf und legte die Federboa um den Hals. Sie stütze eine Hand in die Hüfte, legte die Beine lasziv übereinander und nahm den Lollipop-Stiel wie einen Zigarillo in den Mund. Dabei blies sie imaginäre Rauchwolken an die Decke.

Roberta lachte. „Muss mir nun nur überlegen, was ich in Davis mit Giovanni mache. Ähm … ehrlich gesagt, mein Traummann ist er doch nicht unbedingt." Sie strich sich die verschwitzen Haare aus der Stirn. Dann nahm sie einen Zweier Raclette-Ofen und drei Betty Bossi Kochbücher vom Stuhl und stapelte alles in den Koffer „Wie immer hatte Danny recht."

Sophia verdrehte die Augen. „Ach, Roberta, du und deine Männergeschichten." Es klopfte an die Zimmertür „Mi amore!" hörten sie beide eine weinerliche Männerstimme sagen. Roberta und Sophia blickten sich mit aufgerissenen Augen an.

* Ovi = Ovomaltine / Tram = Straßenbahn / Betty Bossi = fiktive Köchin aus den 50ern

Eva Ginnell und Sandra Engelbrecht

Eva Ginnell: Ursprünglich aus Deutschland. Längere Auslandsaufenthalte in Irland, England, Spanien. Lebt seit 17 Jahren in Kalifornien. Übersetzerin und Dolmetscherin (Englisch und Spanisch). Liebt alles, was mit Sprache zu tun hat. Schreibt vorzugsweise Kurzgeschichten (auf Deutsch) und Lyrik (auf Englisch/Veröffentlichung als e-book). Instagram: eva.ginnell /// Sandra Engelbrecht: Lebt in der Schweiz, Auslandaufenthalte in England und Indien. Über 20 Jahre in der Werbung und im Marketing tätig (Text, Kommunikation). Heute: Kommunikation für das Theater Süd, Texten für die Sukoa AG und Co-Regie bei Film-Werk. Arbeitet am ersten Roman, Kurzgeschichten und Gedichten (publiziert auf Websites und in Anthologien). Website: engelbrecht.li

Eva Ginnell und Sandra Engelbrecht schreibt auf
www.story.one

Faszination Buch neu erfunden

Viele Menschen hegen den geheimen Wunsch, einmal ihr eigenes Buch zu veröffentlichen. Bisher konnten sich nur wenige Auserwählte diesen Traum erfüllen. Gerade mal 1 Million Autoren gibt es heute – das sind nur 0,0013% der Weltbevölkerung.

Wie publiziert man ein eigenes story.one Buch? Alles, was benötigt wird, ist ein (kostenloser) Account auf story.one. Ein Buch besteht aus zumindest 12 Geschichten, die auf story.one veröffentlicht und dann mit wenigen Clicks angeordnet werden. Und durch eine individuelle ISBN kann jedes Buch dann weltweit bestellt werden.

Jede lange Reise beginnt mit dem ersten Schritt – und dein Buch mit einer ersten Story.

Wo aus Geschichten Bücher werden.

#storyone #livetotell